세월 그림자

장흥수 제2시집

오늘의문학사

세월 그림자

일러두기
___

본문에 사용한 '>'표시는 연과 연 사이의 '빈 줄'을 나타냅니다.

| 서시 |

세월 그림자

시간은 흘러도
흔적이 없다
초침은 돌고 돌아도
언제나 제자리인데

우주 공간을 채우고
허공을 스쳐 가는
세월 그림자는
얼마나 될까

지나온 긴 여정
막무가내로 깔아 펼치고
추억의 눈으로 보니
삶의 여운이 아련하다

겹겹이 포개어
진한 빛깔이 보일 때까지 올리면
마음에 드는
아름다운 그림 되려나.

| 서문 |

"사람이 시다."라고 말한 작가의 말을 인용하지 않아도 복잡하고 다양한 '삶'이 흥미로운 '시(詩)'라고 하여 무리가 아닐 듯싶다. 노동을 할수록 피곤하고 힘든 것처럼 글을 쓰는 일 역시 쓸수록 펜 끝에 무게가 더해짐을 느낀다. 세월은 앞으로 가는데 날이 갈수록 오히려 퇴보한 졸작을 엮으면서 부끄러움이 앞선다.

친구를 만나 수다를 떠는 것도, 바람에 날리는 낙엽을 보고 웃는 것도 시정(詩情)의 발현(發現)이라 치면, 살면서 세월 그림자를 밟아온 자욱들이 추억 어린 삶의 흔적이라 여겨 다듬지 않은 자연을 옮기면서 독자에게 곱게 보는 아량을 주문하는 마음이다.

빠르게 스쳐 가는 시간에 쫓겨 흘러가는 세월 틈바귀에서 허둥대고 방황할 때 이끌어 주시고 용기를 주신 분들에게 고마움을 전하며 몽롱한 꿈에서 깨어, 보다 새로운 글을 쓰기 위하여 노력하겠노라고 다짐해 본다.

내가 분에 넘치는 대학의 문을 억지와 고집으로 열고 들어갔을 때 잘 했다고 격려해 주시고 함께 좋아해 주셨던 분들에게 이 시집을 펼쳐 드리고 싶다.
세월 그림자의 잔상에 그들의 웃는 모습이 보인다.

仙泉　장흥수

| 목차 |

서시 • 5
서문 • 6

1부 봄을 부르는 소리

봄을 부르는 소리 • 15
순간(瞬間) 1 • 16
해야 해야 • 18
당신의 노래 • 19
생명수 • 20
생각난다 • 21
삼(三)자 유감 • 22
앙갚음 • 24
찻잔의 여유 • 25
횡포(橫暴) • 26
웃어보세 • 27
비 오는 날 • 28
가을이 섰다 • 29
인생 노래 • 30
인생행로 • 31
아름답다 • 32
하지 • 33

부채 • 34

살판났다 • 35

청춘 • 36

2부 당신의 구월

그냥 이대로 • 39

잠꼬대 • 40

거닐며 노닐며 • 41

산 그림자 • 42

주인공 • 43

알 수가 없다 • 44

인생길 • 45

순간(瞬間) 2 • 46

규암 나루터 • 47

손사래 • 48

사랑 • 49

벗과 친구 • 50

간재고개(艮峙嶺) • 51

인생 • 52

해가 뜬다 • 53

축하합니다 • 54

8월 8日 (日요日) • 55

나의 구월은 • 56
구경 오너라 • 57
고약한 7월 • 58

3부 징검다리

거 봐라 • 61
창문을 열면 • 62
빛이 되어라 • 63
고향 • 64
징검다리 • 66
속사정 • 67
오늘 • 68
가을 안녕 • 69
여정 • 70
11월의 한 • 71
뿌리(根本) • 72
비 오는 소설 • 74
동장군(冬將軍) • 75
문 • 76
봄 • 78
지연작전 • 80
봄비 • 81

교향곡 • 82
작아도 큰 달 • 83
희망 노래 • 84

4부 고향길

거꾸로 섰다 • 87
선물 • 88
홍원항 • 90
행복 한 아름 • 91
봄 노래하자 • 92
꽃 마중 • 94
앞서가자 • 95
사랑의 꽃으로 • 96
상춘객 • 97
행복한 시절 • 98
행복 • 100
큰 유월 • 101
기우제(祈雨祭) • 102
영접 • 103
또 오너라 • 104
아쉬움 • 105
막달 • 106

걸렸다 • 107
인연 • 108
고향길 • 110
첫눈 추억 • 112

5부 찻잔의 유혹

찻잔의 유혹 • 115
갈대의 비밀 • 116
여유 • 117
아침 편지 • 118
열린 문 • 119
천하대본(天下大本) • 120
꽃나비 • 122
바람 • 123
액막이 • 124
그랬나 보다 • 125
자존심 • 126
오늘의 기도 • 127
그냥 웃자 • 128
김칫독 • 129
마지막 • 130
슬퍼도 웃자 • 131

달빛 전설 • 132
충동 • 133
가는 봄 오는 봄 • 134
은산의 노래 • 135

작품 해설_ 문학평론가 리헌석 • 136

1부
봄을 부르는 소리

봄을 부르는 소리

봄을 기다리는 마음
꽃잎 닮아서
눈 녹은 양지에
가슴이 젖는다

스미는 냉이 향기에
버들강아지 미소를 머금어
시냇물 따라 들리는 교향악이
열두 줄을 울린다

산등성 언덕 아래
메아리를 키우는 전율이
넓은 벌판을 적시는 물소리
봄을 부르는 소리.

순간(瞬間) 1

팔만 육천사백 초를
모두 채우는
하루의 마지막 순간입니다

그런 날 이레를 짊어진
주말도 끝나는
마지막 순간입니다

게다가 서른 날을 묶은
월말까지 보내는
마지막 순간입니다

들어설 때
열두 대문이 아득했는데
어느덧 연말 문턱을 넘어야 하는
마지막 순간입니다

시간도 날짜도 분간 못하고
정신없이 걸어온 일 년 동안
쌓인 악재와
피로를 날려 버리고

〉
행복이 용솟음하고
화합의 노래하는 곳
웃음소리 들리는 희망의 문을
힘차게 여는
출발 순간(瞬間)*이 되게 하소서.

* 순간(瞬間) : 12월 31일 밤 12시(끝)와 1월 1일 0시(시작) 사이

해야 해야

동해물에 새 단장하고
용솟음하는 붉은 해야

환한 미소 온몸에 담아
웃음과 희망을 뿌리면서
동산에 오른 해야

뜨거운 햇살로 찌든 때 벗기고
응어리진 한을 씻어다오
눈부시게 밝은 해야

걸림돌이 보이거든
태워버리고
장애물이 있거든
용광로 되어라

약자에게 희망과 용기를 주고
강자에게 능력과 겸손을 내려
자유와 평화의 동산으로
해야 해야 더 높이 솟아라.

당신의 노래

봄은 너무 화려해서 샘이 난다
화사한 꽃 잔치 그만해도 좋다

날씨가 더우면 여름이려니
아쉬운 봄은 잠시 물러가거라

물 내리어 산야를 적시고
싱그러운 풀 향기 맡으면서
꽃보다 값진 열매 키우자

녹음이 짙어지면 매미소리 흥을 돋우어
들녘 품앗이꾼 이마에 땀 흘린다
가다가 힘들면 냉수로 지친 목을 축이고

부채질로 땀 식히며
석양이 오기 전에
내 앞에 남은 길 뚜벅뚜벅 가련다

지루한 장마 뒤에 폭염이 작열해도
이래저래도 행복하다 큰소리하는
당신의 노래.

생명수

갈증을 풀어주는
감로수로 오너라

산불을 꺼주는
폭포수로 쏟아라

갈라진 마음 꿰매는
화합수 되고

응어리 씻어내는
세정수 되어라

만물을 살리는
생명수(약비)야

뒤뜰에 쌓인 먼지 씻어내고
앞뜰 화단에 생명을 뿌려
파란 싹을 돋우렴

환하게 꽃 피면
단비야 봄맞이 가자.

생각난다

한가위 밤하늘에
가슴 채우는
둥근달이 오르면

눈이 시리도록
밝은 달 속에 그려진
고향 그림

환하게 웃는
동네 얼굴이
곱게 펼친다

골목을 누비던
친구들이 모이면
한바탕 전쟁터

누렁이 검둥이
멍멍대며 같이 놀던
고향이 생각난다.

삼(三)자 유감

삼류촌(두메산골)에서
삼등 인생의
셋째 아들로 태어나

초등학교 삼회 졸업생
중학교 삼 년에
고등학교 삼 년 졸업한 후
대학교 전공학과 삼회 입학했는데
학번이 삼십삼 번이었다

삼십 중반에 결혼하여
삼십여 년 사는 동안에
세 아들을 얻어
삼락을 누리면서
삼로(三路)*를
삼만 날 땀 흘려 달려왔는데

어느덧 산수(傘壽)를 넘어
삼부 능선 석양 길을 가고 있다

지금까지는 연습으로 하고
인생 삼세번은 살아 봐야

조금은 알 것도 같은데

조물주가 단호히 거절하니
그대로 가다 해가 저물면
쉬어서 가면 되지
내일도 해가 뜬다.

* 三路 : 육로, 수로, 하늘길

앙갚음

가마솥 열기처럼
찌는 더위에
지친 마음인데

긴 여름 혹심한 더위에
시달린 한이 맺혀
복수하나 보다

가을 중심에
늦더위 몰아내고
기습 한파로 앙갚음이다.

찻잔의 여유

우리에게는
지나온 자욱이 있고
뜨거운 가슴이 있어
붉게 물들 미래가 있습니다

찻잔에서 피어오르는
향기를 마십니다

지난 아쉬움을 삼키고
희망을 노래하며
찻잔에 흐르는
사랑을 마십니다

고운 정이 선율을 타고
은은하게 적시는 경음악

빛바랜 이야기 대신
눈빛으로 말하는 뜻은
정적이 흐르는
찻잔의 여유입니다.

횡포(橫暴)

햇볕이 따가워
해넘이를 기다렸더니
열대야에 달아오른
달빛도 뜨겁다

천하를 짓누르던
긴 여름이 지겨워
가을바람 불렀더니
장마가 먼저 온다

유행 질환 극성에
기상 재앙까지
겹치는 시련
자연 횡포가 심하다.

웃어보세

여보게 친구
무얼 그리 맺혔나
아무리 바빠도 고개 들게

하고많은 일에 밀려
숨 쉴 새도 없지만
허리 펴고 편한 마음으로
얼굴 주름살을 펴면 안 되겠나

이래도 저래도
세월 가는 건 똑같다네
웃으며 살아가세
자네가 웃으면 나도 웃고
모두가 즐거운 것을

웃으면 젊어진다 하지 않던가.
오는 이 가는 이 웃는 얼굴이면
온 세상이 밝아진다네

먼 훗날 이마에 주름살이 생기면
웃어서 얻은 계급장이라고
크게 한번 웃어보세.

비 오는 날

비 오는 날
커피 한 잔 같이 하고 싶은 사람이
바로 너이기에
좋은 하루가 되라는 인사가
유난히 반갑다
옷깃이 젖어도 좋으니
우산은 하나면 된다

철부지 개구쟁이처럼
거리로 뛰쳐나가
비 내리는 물길 걸으며
그저 말없이 웃기만 하여도
많은 대화가 쏟아지는
사랑하는 날이었으면 좋겠다

바람이 불어 아랫도리가 다 젖어도
그것이 사랑이라면
차라리 우산을 벗어던지고
그냥 둘이서 걷고 싶다
일곱 살 장난꾸러기가
되고 싶다.

가을이 섰다

지난해 찬바람에 밀려
낙엽처럼 떠난 녀석이
오늘 아침 문 열어보니
멀리 보일 듯 말 듯
희미하게 서 있다

아직 더위가 극심하여
성큼 오지 못하고
바람 불면 따라오려고
들판 저 멀리 산 밑에
가을이 서 있다. (立秋)

인생 노래

눈뜰 때부터 예사롭지 않더라

일어나 인사도 안 하고
말없이 처박혀 무얼 하는지
꼬박꼬박 먹기만 하더니
갈 때도 인사할 줄 모르는
예절 없는 년

봄 한철 좋은 계절에
꽃놀이 한번 못하게 얼렁뚱땅
꽁무니 빼는 경우 없는 년

그년이 바로
일백여든 한날을 삼켜버리고
안면 바꿔 돌아서서
다시 오지 않을 도둑맞은 반년

사흘 더 많은 후반 반년일랑
달래고 구슬려
흥겹게 어깨춤 추면서
즐겁고 고상한 인생을 노래해야지.

인생행로

인생길 하도 많다
바르게 가는 길
옆으로 가는 길도 있다

좋은 길 마음대로 안 되고
싫은 길 피할 수 없으니
길이 운명이요 사람 팔자다

되돌아가는 길도 없으니
길이 숙명인 것을
타령한다고 피할 수는 없다

우리가 가는 이 길에
변명도 투정도 안 되니
그냥 앞만 보고 가자.

아름답다

날개를 펴면
날 수 있다

울 밖으로 나가야
멀리 날 수 있다

공작은 울안에서
깃털만 올려도 예쁘다

그러나 자유로워야
더 아름답다.

하지

감자 삶아 배 채우고
텃밭에서 마늘 캐는 아낙네
옷자락이 다 젖는다

늘어진 바짓가랑이
황토물로 얼룩여도
장마가 오기 전에
서둘러야 한다

하지 긴 날 허리춤 동여매어
대들보에 걸어놓고
동지섣달 시름에 잠 못 들던
긴 밤을 밝히리라.

부채

하지를 뒤로하고
장마를 앞세워
기세등등 여름이 온다

구름 뒤에 숨어서
태양은 불을 피우고
길게 오는 빗줄기 멎으면

불볕 쏘아
소나기보다 무거운
땀방울 떨어진다

녹음이 짙어지면
신작로가 좁아지고
매미 소리에
하늘만 높아진다

바람 멎어
햇볕이 따가우면
부채가 한몫을 한다.

살판났다

아빠는 총소리에 생사 모르고
굶주리며 일하는 엄마
베적삼이 땀에 젖는다

등에 업힌 아기가 울고
누워 있는 할아버지는 학질에
배 아파 운다

스물아홉 채 농가 지붕
옹기종기 시골 마을에 느닷없는
따발총 소리
깜짝 놀라 둘러보니
이웃집 아저씨가 완장을 차고 있다

너나없이 못 사는 틈새로
시기하며 눈총에 살다가
인민군 앞잡이 되어 살판났다

지축이 흔들리는 날
동족상잔이 시작되던 날
초등학생이던 나는 학교 안 가고
집에서 노는 것만 좋았다.

청춘

스쳐 가는 세월에
앞장서서 달려가는
인생 후반전
오늘이 시작입니다

서산을 넘는 해 머리에
붉게 물든 노을을 보면서
황혼을 연주하는 임이여
그대는 아직 청년입니다

바쁘게 달려온 세상사
뒤돌아보지 마시오
지난날은 이미 묻혀 버리고
말이 없습니다

인생 여정 반으로 접어
지금부터 시작하는
후반전 승전 용사
당신은 청춘입니다.

2부
당신의 구월

그냥 이대로

내가 누군지 몰라
저기 오는 안개마냥
잡히는 게 없어
한참을 두리번거리다

그냥 이대로
아무것도 모르고
한참을 웃어보니
희미하게 내가 보인다

그래도
정답을 몰라
한참을 울었더니
밝은 빛이 보인다

그냥 이대로 서서
한바탕 소리치고 나니
여기 있는 내가
바로 나다.

잠꼬대

한참이나
코를 골더니
멋없이 투정 부린다

땀을 흘리며
바쁜 숨을 헐떡이더니
알아듣지 못할 말로
중얼거린다

불만이 하도 많아
손을 내저으며
시부렁시부렁
잠꼬대한다.

거닐며 노닐며

나는
고개 너머 짐승을 보고
물 건너 새들을 보면서
이곳에 왔다

하는 일 없이
산을 넘고 들을 건너
가다 보니
오늘이다

내일도
거닐며 노닐며
너와 함께
살고 싶다.

산 그림자

무엇이 그리 바쁜지
좌우 둘러볼 여유도 없어
앞만 보고 달리다 보니
산 그림자가 앞길을 가린다

춥다고 움츠리고
덥다고 헐떡이면서
허겁지겁 달려온 자욱이
그림자에 덮여 흔적이 없다

두어라 내 무슨 위인이라고
한 일을 계산하랴
발걸음 울리는 소리에
석양이 물들거든
황혼이 아름답다 노래하자.

주인공

소중한 오늘
행복한 하루
한 아름 품어

마음 가득 채우고
욕심스레 느껴서
더 큰 보람으로 커지는

당신이 주인공.

알 수가 없다

바다가 육지라면
맘대로 걷고 뛰고
배 띄우지 않아도 되련만
그 속을 알 수가 없다

산이 바다라면
맘대로 수영하고
땀 흘리며 오르지 않아도 되련만
그 높이를 알 수가 없다

당신이 하늘이라면
한없이 넓은 마음
둘러보지 않아도 알련만
아득한 깊이는 알 수가 없다.

인생길

눈 감았다 떠보면
하루가 가고

숨 한번 쉬고 나면
한 주가 가고

어 하는 사이에
한 달이 가고

이 일 저 일 엮어
일 년이 가고

허둥지둥 인생사 묶어
한평생 가고

가고 또 가고
그게 바로 인생길.

순간(瞬間) 2

눈 깜빡일 때 어제는 가고
한눈파는 사이에 세월이 가고
순간에 오늘이 과거 된다

가는 시간에 나를 맡기고
지금을 지배하고 있지만
언제 어떻게 변할지…

막연하게 살다 보면
역사가 만들어지는 걸
즐기는 일상으로 하자

순간순간이 세월이고
그 속에 사는 인생
웃으며 즐겁게 살자.

규암 나루터

낙화암 물살 아래
삼천궁녀의 넋을 담아
소리 없이 흐르는 물

굿뜨레 벌을 뒤로하고
규암 나루터에 이르면
뱃사공이 노를 잡는다

여객 버스가 갑판에 오르면
뱃머리에 부딪히는
물거품이 부서진다

눈앞에 보이는 강 건너
뭍으로 가려고
한두 시간 기다리던 뱃길

지금은 대교(大橋) 아래
물 구경하며
일 분(一 分)이면 건넌다.

손사래

타는 불같이
뜨거운 너 때문에
부대낀 세월

정 때문에
끌어안고 견뎌야 하는
싫어도 좋은 너

떠난다니 아쉬워
다음에 올 때는
열대야는 버리고 오렴

보기만 하여도 배부른
가을을 부르며
뜨거운 여름 가거라
손사래 한다.

사랑

가을 문턱을 넘어온 구월
사랑을 한 아름
안고 왔습니다

알고 보니
당신의 사랑 연못에 빠진
깊은 정이
바다보다 넓기 때문입니다

이번 가을에는
사랑의 넓고 깊은 바다에
맘껏 젖어보고 싶습니다.

벗과 친구

벗이야
사람이 아니어도
얼마든지 있다

동물도 식물도 무생물이라도
잡으면 벗이 되고
놓으면 그만이다

내 마음 건네어 만나기 쉽고
내 마음 거두어 떨어지기도 쉽다

친구는
왜
사람이어야 하는가

생각이 하나 되어
너는 내가 되고
나는 네가 되어야 한단다

울고 웃고
죽어도 함께하는
마음이라야 친구란다.

간재고개(艮峙嶺)

보리밥 한술 찬물에 말아 먹고
늘어진 책가방 메고
삼십 리(13km) 자갈길 뛰다 보면
헐떡이는 숨소리 가로막는 높은 산

하루에 두 번씩 넘어야 하는
높은 고개 통학길
육 년을 이었으니
그 길이가 얼마인고

아침 등굣길은
지각할세라 뛰지만
저녁 귀갓길은
주린 배 움켜쥐고 터벅터벅

지금은 무너져
걷는 사람 없어지고
포장길 자동차로
잠깐이면 넘는 걸

그렇게 날마다
누벼 넘던
간재고개, 간치령(艮峙嶺).

인생

연휴가 길다고 여유 부렸지
세월 가는 줄 모르고
시간만 빠르다고 말하면
나이는 누가 먹니

일출봉에서 뭐 좀 달라고
소원하던 날이 어제인데
눈 감았다 떠보니 오늘이고
잠깐 사이에 해가 바뀐다

그래서 세월이 가고
이일 저일 겪으면서
어른이 되고
그게 바로 인생이란다.

해가 뜨다

짓눌려 웅크렸던
달팽이가 기지개하고
지렁이도 꿈틀대는
매봉산에 해가 뜬다

눈부신 햇살에
만상이 광명을 찾은
아우내 장터에
햇빛이 드리운다

하늘을 밝히던 횃불이
민족의 성화 되어
백 년 넘은 함성으로
메아리친다.

축하합니다

하늘이 호통쳐도
땅이 진동해도
높은 하늘 넓은 광야가 있는
대한민국의 국민인 것을
축하합니다

태풍이 불어도
물 폭탄이 쏟아져도
걱정 없는
우리나라에 사는 것을
축하합니다

백발이 날리고
질병이 회오리쳐도
지팡이 버리고 걸을 수 있는
건강한 당신을
축하합니다.

8월 8일 (日曜日)

바로 놓고 거꾸로 보아도
앞으로 보고 뒤로 다시 보아도

8자는 팔자이고
日자는 일자이다

눕혀보니 무한대
팔자가 늘어졌다

업어 쳐도 메쳐도
다시 서는 오뚝이처럼

더위도 질병도 잊고
팔자 늘어지게 쉬는 날(日).

* 22년 8월 8일 (일요일) 유감

나의 구월은

나의 구월은
시원한 바람 불어
코스모스 물결 위에
고추잠자리 날고
오색 향기 너울거린다

나의 구월은
포도알 익어
무거운 어깨에
빛 고운 날개 펴고
창공으로 오른다

나의 구월은
키 큰 해바라기
밝은 태양을 보고
동쪽 하늘에
환한 웃음꽃 핀다

나의 구월은
익어가는 달
은행잎 진한 가을 되어
만 가지 열매로
탐스런 꽃이 핀다.

구경 오너라

아직 모르나 보다
살기 어린 핏줄 곤두세워
저지른 잘못을

지금도 아쉬움이 큰가 보다
엉큼스레 움켜쥔 한반도를
통째로 놓고 쫓겨 간 것이

맘대로 안 되나 보다
약탈과 착취로 배를 채우고
욕심부리던 양심 통제가

배가 아픈가 보다
해마다 재연되는 만세 소리와
태극기 물결치는 광복의 노래가

독도가 아까우면 보여 주마
대마도를 내놓아라
한반도가 욕심나거든
훔쳐 간 문화재 모두 반환하고
압정 삼십육 년을 배상한 다음에
삼천리금수강산 구경 오너라.

고약한 7월

수마와 폭염
밤새 부대낀 열대야
어느 하나 얌전하지 못하고
횡포(橫暴)하고 가는구나

시련이 있어야 성숙하지만
너무 가혹한 재난에
숨 돌릴 여가도 없이
그냥 시달려야만 했다

홍수와 산사태로 목숨을 잃은
원혼은 누가 달래며
열사병으로 숨진 생명은
어디서 찾아오나

집을 잃고 논밭을 할퀸
수많은 이재민은
눈앞이 캄캄한데
고약한 7월은 말없이 간다.

3부
징검다리

거 봐라

태풍이 호들갑 떨어도
지나가면 조용하고
철모르고 알박기한 무더위가
사흘도 못 가서 사라지는 걸

아픔을 겪고 힘들어도
늘 그랬듯이
거 봐라
지나고 나면 이겼잖니

너는 참 훌륭한 승부사
너만 이기면
네가 진짜 승자다.

창문을 열면

이른 아침 창문을 열면
밤새 마신 코를 후비고
뼈까지 씻어내는
시원한 바람이 온다

시리도록 파란 하늘에
알알이 박힌 별을 감추고
화살처럼 쏘는 햇빛
눈부신 점령군이 온다

눈에 가득 토해낼 듯 펼쳐진 산과 들
아울리는 새소리까지
마음 몽땅 빼앗겨도
싫지 않은 폭군이 온다.

빛이 되어라

먹구름이 하늘을 덮는다고
태양이 꺼지는 것은 아니다

짙은 안개가 깔린다고
앞산이 사라지는 것은 아니다

구름 걷히고 안개 없어져도
길이 보이지 않는 것은
어둠이 눈을 가렸기 때문이다

개선장군처럼 그 길을 가려거든
너 스스로 빛이 되어라

안 보인다고 없는 게 아니라
못 볼 뿐이다
내일도 밝은 해가 뜬다.

고향

하얀 도화지에
오색 그림을 그려볼까
파랑색으로 바탕색 칠하고
어릴 때 모습을
새싹처럼 마냥 푸르게 그리고 싶다

노랑 빨강 덧칠하면
단풍처럼 물들어 화려하겠지
보랏빛도 연두색도
덮어씌우면
곱고 아름다운 내 고향

알밤 여물고 홍시 익어가는
가을이 되어
한가위 송편 빚는
어머니 생각이 난다

장에 가신 아버지 고무신 사 들고
동구 밖에 오시면
정자나무 아래까지 뛰어가던
그리운 고향 옛 추억

〉
송아지 풀을 뜯고
멍멍이 꼬리치던 산과 들
모두 다 아무리 곱게 그려봐도
따뜻한 고향의 정은 그릴 수 없다

산 넘어 곱게 물든 노을을 보며
해가 지면 모닥불 피우고
친구들 모여 앉아
옛이야기 나누던 추억 많은 고향.

징검다리

걷는 듯 뛰는 듯
성큼성큼
징검다리

행여 잘못 디딜까
아래만 보고
노심초사 열두 고비

물살이 무서워
후들후들 떨면서
여기까지 왔다

숨 돌려 고개 들고
스치는 바람에
옷깃을 여미며

마지막 디딤판 뛰어
건너편 푸른 뭍으로
뚜벅뚜벅 가야겠다.

속사정

하늘 끝에서
땅끝 저 멀리
물속 깊은 곳까지
없는 게 없는 부(富)의 계절

열매와 뿌리
곱게 물든 잎새 위에 부는
시원한 바람까지
이만하면 만족하다
가슴 열었더니

어느새 속마음 뒤집어
보따리 싸려고
시월의 마지막 날이
성큼 다가왔습니다

아무리 좋아도
뒤따라오는 세월에
자리를 내줘야 할
야속한 속사정 때문에
가기 싫어도 웃으며
말없이 가야 한답니다.

오늘

새벽닭 울음소리보다
더 먼 공간으로
먼동이 튼다

초롱보다 밝은 눈빛 때문에
별빛도 사라지고
무지개처럼 고운 웃음꽃으로
아침 햇살이 눈부시다

아롱 잠꼬대* 흔들어
찬란한 아침이 열리는 것은
세상보다 더 큰
오늘이 왔기 때문이다.

* 아롱 잠꼬대 : 잠이 덜 깬 상태를 표현한 신조어

가을 안녕

곱게 물들어
아름다운 산 넘어
숨어오는 찬바람이
심통을 부린다

시선을 유혹하고
서정을 독점했으면
호사(豪奢) 그만하고 가라고
으름장을 놓는다

고운 옷 벗기 전에
두 눈에 가득 담아
내년에 더 예쁘게 오너라
당부하고자

입동을 앞세운
초겨울 문턱에서
"가을 안녕"
작별 인사해야지.

여정

들국화 향기에 이끌려
산자락에 이르니
화사하게 웃어주는
구절초꽃 냄새가
하도 좋아서

황혼에 지는 낙엽을 밟으며
지그시 눈 감고
지나온 길을 되돌아본다

남은 여정(旅程)이 얼마인지 몰라도
이마에 이슬이 앉는 걸 보니
아련히 깔린 앞길을
지팡이 들고
한참이나 더 가야 하나 보다.

11월의 한

하늘까지 붉어질 듯
곱게 물든 가을 뒷자락
막달 보고 겨울로 가자

낙엽 따라가야 하는 늦가을
찬바람 부는 언덕을
넘어야 하나 보다

곱다운 계절
허리춤에 매달고 살렸더니
어느새 붉은 해는
서산에 와있네

활개 치는 세월 잡을 수 있나
아직 두 달이나 남았으니
좋은 일 궂은 일
가릴 수 있나

사는데 바쁘다면 동산에 올라
지는 낙엽에 아쉬움 날리고
구절초 향기 맡으며
깊은숨 쉬어보세.

뿌리(根本)

농업인의 날
지난날을 회상해 본다
두메산골에서 태어나
지게를 업고 살고
호미가 필수품이었던
농촌 지킴이

굶기를 밥 먹듯
굶주렸던 소년 시절이
엊그제 같은데
어느덧 인생 고개
팔부 능선을 넘었다

그래봐야
하루 세 때를 다 먹고 살았다 쳐도
밥그릇 십만 개도
비우지 못했다

이제는 노는 것이 직업이고
친구 만나는 것이 재미라면
인생극장 팔자 좋은
주인공이다

〉
뿌리(根本)
농자천하대본(農者天下大本)을 노래하던
지난날이 밑거름되어
아름다운 꽃이 피고
오늘의 넉넉한 열매가 되었다.

* 11월 11일 농업인의 날 사고(思考)

비 오는 소설

소설이 무엇이냐고 묻길래
시나 수필의 친구
소설(小說)이라고 했다

겨울비는 왜 오는가 묻길래
봄으로 더 가까이
왔기 때문이라고 했다

어제가 가을인데
내일은 봄이냐고 묻길래
겨울이 숨었기 때문이라고 했다.

* 봄날 같은 소설(小雪)의 변(辯)

동장군(冬將軍)

바람이 매섭다
날카로운 칼인가
예리한 송곳인가

머리에 눈 내려 모자를 썼더니
코끝으로 찬바람 달려들어
마스크로 덮었다

옛 추억 동심에
하얀 눈 한 움큼 잡았더니
손끝을 찌른다

털가죽 신을 신고
장갑으로 손등을 감춰도
칼바람에 덜덜 떨린다

차마 발걸음 멈출 수 없어
외투에 목도리 하고
동장군 진영으로 돌진한다.

문

일 년을 살려고
문 열고 들어와
숨 가쁘게 걷는 동안
웃기도 하고 울기도 하면서
열두 대문을 지났습니다

사랑하다가
증오의 큰소리도 하였고
웃어야 할 때 조곡(弔哭)하고
애석한 자리에서 콧노래 부르는
엉뚱한 짓도 하였습니다

미움과 다툼의 잔재는
태워서 소멸하여 주시고
사랑과 화합의 주머니는
열두 계단 높은 탑 위에
횃불 되어 빛나게 하소서

들어올 때 가슴에 품었던
희망 보따리에
보람으로 가득 채워

행복한 웃음으로
문을 나서게 하소서

새로운 꿈과 희망이 있고
자유 평화가 손짓하는
새해의 큰 문을 열어주소서
그곳에 뜨는 태양이
개선장군 환호성이
우리의 희망입니다
온 누리에 퍼지게 하소서.

봄

봄!
눈보라 치던 날씨가
순한 바람 불어 훈훈해지고
개구리 울음소리에
움트는 새싹을 보고
봄이라 느낍니다

봄!
내일은 더울지라도
오늘은 꽃망울 내미는
아름다움 때문에
그저 따뜻한 봄으로
즐길 수 있습니다

봄!
저리 아름다운 새싹 올라
꽃으로 웃고 오거든
봄놀이 한다 소리 내며
겉옷 단추 풀고
악수 한번 합시다

〉
봄!
코로나 핑계 삼아
입을 막고 얼굴 감추어
오랫동안 움츠렸던
적조(積阻)의 장막을 깨고
그냥 해방된 봄으로.

지연작전

또 하루가 간다
잡는다고 머물 세월 아니지만
굳이 매달릴 내 아니다

너 가거라 내 가는 길이
같은 방향이라면
앞이 보일 때까지
끝까지 가련다

못다 한 일머리에
아쉬움이 커도
작전 시간 할애하여
저기 보이는 내년으로
지연작전 꾀를 부린다.

봄비

가라 할 때 가는 건
말 잘 들어 착하고
오라 할 때 오는 건
귀엽고 예쁘다

말라붙은 하늘에
가뭄을 인계하고 가버린
늦겨울이 야속하여
갈증에 시달렸다

여우 바람에 화마가 설치고
마른기침 하는 날
조용히 내리는 봄비
반갑고 예쁘다.

교향곡

봄을 마시는 이른 아침
고개 들어 깊은숨 쉬고
찬 샘물 흐르는
고향을 노래하자

경칩에 개구리 합창하면
춘분 화음 곡을 연주하여
교향악이 울려 퍼진다

춘풍에 마음 설레어
가슴 열어 둘러보니
고운 빛으로 단장한
너의 봄 향기 그윽하다

작은 텃골 시냇물 소리에
큰 텃고을 서방봉 넘어
쌍봉산 각씨봉까지
삼계오동*에 퍼지는 교향곡.

* 삼계오동 : 저자 고향의 5개 부락

작아도 큰 달

작다고 깔보지 마라
요일마다 나흘씩 나뉘어
공휴일까지 네 번이라서
2월은 공평한 달이다

입춘 우수를 끌어안고
영춘화를 잉태하여
여린 새싹을 부르는
2월은 착한 달이다

곰돌이 겨울잠 깨우고
종달새 높이 띄워
봄노래 준비하는
2월은 작아도 큰 달이다.

희망 노래

겨울 끝자락에 당부하기를
따뜻한 봄을 부르자 하였더니
군데군데 불을 피웠다

눈 덮어 가뭄도 해소하고
화재를 예방하자 했더니
다 녹아서 없다고 변명하였다

건조주의보 들었나 물었더니
이월이 짧아서 시간이 없다고
엉뚱한 대답이다

두어라 삼월에는 비 내리고
싱그런 새싹 내밀어
희망 노래 부르리.

4부

고향길

거꾸로 섰다

소한 뒤에 봄날처럼
따뜻하더니
대한이 다가오니
비가 내린다

소한 다음에는
입춘이고
대한이 오기 전에
우수가 먼저 오나

겨울 다음에
여름이라 하렸더니
차마 건너뛸 수 없어서
봄을 챙긴다

세상이 어수선하니
세월도 순서를 잃어
거꾸로 섰나 보다
봄인지 여름인지
분간할 수 없어라.

선물

보신각 종소리는
새해의 선물이고
일 년의 희망입니다

첫날을
안식하였으니
일 년 동안 건강할 겁니다

일요일의 햇살이
365일 밝은 빛으로
온 누리가 평온할 겁니다

두 팔 벌려 환호했던
임의 노래가
행복으로 승화할 겁니다

땀으로 이룩한 자욱이
새 꿈으로 매달려
탐스런 열매가 익을 겁니다

붉은 태양을 보고
소리쳤던 야호 소리가

희망 노래로 메아리 할 겁니다

일 년을 선물로 받은
당신이
주인공입니다.

홍원항

찬바람이 눈앞을 열어
무용수의 치맛자락처럼
일렁이는 물결 위로
갈매기만 분주하다

뱃길마저 끊어져
고기 잡는 어부도 없고
오가는 인적도 드문데
식당 문 앞에 호객이 바쁘다

얼어붙은 소한 추위에
냉동 생선 파는 아줌마
어서 오라 손짓하는
겨울바다 홍원항.

행복 한 아름

사나웠던 겨울
꼬리까지 잘라내는
마지막 주말

봄바람 불어오는 남녘에서
매화 향기 먼저 보내려고
따뜻한 입김이 서린다

아직도 동면하는 너
봄 트림에 희망을 불러
행복 한 아름 누리자

애열(愛悅)과 존엄(尊嚴)
보따리 묶어 메고
마냥 웃는 봄맞이 가자.

봄 노래하자

봄의 전령사
임무 수행하고
3월이 간다

목련꽃이 진다고
아쉬워 마라
더 푸짐한 꽃소식이 온다

4월 녀석이
소담한 꽃바구니 들고
저만치서 자세 부린다

꽃이 피고 지고
일희일비(一喜一悲) 하지만
가는 세월을 어쩌랴

어제 다르고
오늘이 변해도
세월은 그렇게 가는 걸

오는 듯 가는 것이
거드름 피우는

화사한 봄이라면

화들짝 가슴 열어
한 아름 부둥켜안고
봄을 노래하자.

꽃 마중

지난 주말은
만우절 덕담으로 보냈고
일요일은 꽃놀이에 바빴다

역동의 4월은 오늘부터 시작인 듯
멋있게 엮어야 할 텐데
가물어 화마가 걱정이다

비가 오면 핀 꽃이 아깝고
이래저래 아쉽거든
저리도 곱게 핀 꽃 지기 전에
꽃 마중 가자.

앞서가자

바람 불어 꽃잎 날리고
비 뿌려 잎을 키우고
그렇게 하여 봄을 보내고
서둘러 여름 온단다

좋아도 싫어도 계절은 바뀌고
하릴없이 세월을 따른다

어차피 가는 시간
속도가 같거든
뒤에서 터벅터벅 끌리지 말고
앞에서 끌고 가자

봄 자락 아쉬움 달래어
넓은 바다도 보인다
수박 통통 익어가는
여름으로 가자.

사랑의 꽃으로

환한 꽃들이
발길을 모으고
고운 모습 뽐내더니

아름다운 꽃잎 떨치고
진한 향기 머금은
희열의 잔재를 날린다

애정으로 탐닉했던
화사했던 자리에
희망의 씨앗으로 남아

차마 눈길을 떼지 못하고
여린 가슴에 아픔 품은
사랑의 꽃으로 다시 핀다.

상춘객

사월 허리 잘라
춘절을 반 토막 내어
봄의 하반기를 맞는다

꽃구경은 고사하고
가슴 씻어내는 바람 한 번
시원스레 쐬지 못했는데

어느 사이에 꽃 진 자리
연두색 신록에
입맞춤해야겠다

후반기에는
비라도 시원하게 쏟아져
반춘(半春)*을 보상하렴

스쳐 가는 세월에
아쉬움 남아
호시절을 어르는
상춘객의 마음이란다.

* 반춘 : 봄철의 절반 기간(半春)

행복한 시절

인생에 계급이 있다면
나는 지금
제법 높은 자리에 있다

유년기는 아무것도 몰랐고
소년 때는 책보 싸 들고
학교 가던 생각이 난다

청년 시절에는 좋아도 싫어도
아무 일에나 겁 없이 덤벼드는
거침없는 한때였는데

장년을 건너는 동안
허둥지둥 좌우도 못 보고
아마도 힘들었던가 보다

지금 나는
노년 능선을 넘는
계급이 제법 높은 인생이다

숙제 걱정 없고

힘든 일 안 해도 되는
가장 행복한 시절을 살고 있다.

* 노년 인생 예찬

행복

행복이 어디 있나
들녘 보고 물어보니
아무 대답이 없다

행복이 어디 있나
나무 보고 물어보니
가지만 흔들고 있다

행복이 어디 있나
하늘을 쳐다보니
흰 구름만 떠간다

찾다 못해 답답하여
깊은숨 쉬어보니
가슴에 행복이 숨어있네.

큰 유월

첫날 큰일 해놓고
가벼운 마음으로
하늘에 별을 올렸습니다

열정으로 달아올라
열대야까지 겪은 유월

당신이 받쳐 준 우산 위로
내리는 빗방울만큼
고운 정을 삼키면서

아직은 봄인 줄 알았는데
느닷없는 더위에
숨 막히는 칠팔월의 열기는
무엇으로 막을까

유난히도 크게 느꼈던
유월을 고이 접고
달아오른 태양을 높이 띄워
화난 여름과 맞서야겠습니다.

* 성급히 덤비는 6월 폭염 유감

기우제(祈雨祭)

겨울부터 예사롭지 않았다
봄이 되어 새싹이 틀 때도
단비는 오지 않았다

여기저기 잦은 산불도
가물어 건조한 연유러니
오늘도 일기예보만 푸짐하다

마른하늘에 두 손 모아 기도하면
비가 오려나 기우제를 지내던
조상들의 마음을 알 것 같다.

영접

부대끼고 힘들었어도
여름이 갑니다
가면 다시 안 오는 세월이기에
아쉬움을 크게 합니다

더위 보따리 싼다기에
배웅하려 했는데
한 짓이 얄밉고 부대낀 생각으로
문만 열고 잘 가거라
손사래 하렵니다

영접합니다
뒤따라오는 가을 문 앞에서
시원하고 풍성한 가을을
가슴 열어 영접합시다.

또 오너라

9월이 죄가 있나 보다
진한 더위 지루하다 한 말이
듣기에 민망했나 보다
다른 말은 하지도 안 했는데
슬머시 꼬리를 내린다

그렇게 허망하게 가는 걸
그리도 참기 어려워
전쟁터 병사처럼
진땀을 빼며 싸웠나

기왕 보내는 거
추석 명절에 먹던
송편이라도 몇 개
싸서 보낼 걸 후회된다

어차피 내년이면 또 올 텐데
더 큰 떡 반죽 안고 와
들어가도 나와도 배가 부르고
복으로 거듭나는
구월 되어 또 오너라.

아쉬움

십일월이 가기 싫어
흘리는 눈물인가
가을이 떠나기 아쉬워
뿌리는 빗물인가

가면 오는 것을
진작 알면서
겨울이 올 테면
얌전히 오지
찬바람은 왜 앞에 세우나

멋도 모르고
졸래졸래 따라와
청춘을 보낸 날이 허망하여
황혼의 눈시울에
아쉬움이 고인다.

막달

임의 사랑으로
한 해가 엮어졌습니다
쉬지 않은 열정으로
막달 문이 열렸습니다

일 년 농사는
가을에 수확하지만
인생의 열매는
막달에 숙성합니다

당신의 땀방울이
열매 되어
찬바람이 불어야
성숙한 보따리가 됩니다

일 년 동안 시련을 겪으며
걸어온 날들이
행복의 방주 되어
안식하는 겨울이 됩니다.

걸렸다

그동안 감기를 많이도 겪었다
유명한 독감도 다 이겼다
이번에는 매우 큰 놈에게 걸렸다

큰 소리 호통쳐도
목구멍만 아프고
아파도 참고 눈물을 감췄더니
콧물이 먼저 나와
재채기를 한다

기침에 머리까지 아픈 걸 보면
매우 무서운 놈이다
호랑이라면 곶감으로나 내쫓지
어차피 내 힘으로
이겨야겠다.

* 코로나 병상 일기

인연

눈 감았다 떠보면
하루가 가고
숨 한번 쉬고 나면
한 주가 가고
그렇게 세월은 갑니다

세월에 묻혀
성숙한 인연이
프레밍과 처칠 같은
역사적 열매를 맺게 합니다

매일 매주에 벌어지는
크고 작은 사건들에
사랑을 품게 하여
기적의 열매로 매달리게 하소서

우리의 소중한 인연*에
생기를 불어넣어
놓치지 말고 힘차게 앞으로
굴려 나가겠습니다

지금 흘리는 이 땀방울이

생명의 씨앗이 되어
새로운 역사를 창조하는
열매로 익게 하소서.

* 인연 : 인간관계

고향길

병풍처럼 둘러싼
마을 뒤 산 고개
가파르고 숨 가쁜 좁은 길
이고 지고 넘는 고향길

장에 가나 집에 가나
넘어야 하는
동리 관문을
몇천 번이나 넘었던가

장에 가신 아버지
고개 넘어 마중 나가
장 보아 오시는 짐 보따리 받아 들고
집으로 먼저 뛰어와
궁금하여 풀어 보았지

필 모시 팔아
사 오신 생선으로
저녁 밥상은
진수성찬 잔칫상이었다

〉
새마을 사업으로
지금은 신작로가 되어
잿말 고개를
자동차로 달린다.

첫눈 추억

첫눈이 내린다
옛날로 돌아가
고향 눈이 내린다

시린 손 호호 불며
친구와 손잡고
걸었으면 좋겠다

목도리 위에
눈이 쌓이도록
그냥 걷고 싶다

눈밭에 뒹굴다가
한 움큼 뭉쳐 들고
맞아도 웃으며 눈싸움하던
추억이 새롭다.

5부
찻잔의 유혹

찻잔의 유혹

마음은 언제나 봄이다
바람이 불면 꽃잎이 피고 지고
그렇게 흐르는 시간을
이길 수 없어
많은 이야기가 담겨있는
찻잔을 가운데 놓고 싶다

피어오르는 은은한 다향에
혼을 담아 음미해 보면
전설 같은 추억이 샘솟고
모락모락 풍기는 향기에 취해
말보다 진한 경음악 함정에
빠지고 싶다.

갈대의 비밀

바다에 연결되어
길게 뻗은 한내
시간의 둑을 가로지르는
갈대밭에 바람이 분다

작은 새가 드나들고
물 밑에 물고기 떼 밀애하고
아삭거리는 잎줄기 사이로
바닷바람 시원하다

물결처럼 쏠렸다가
일렁이듯 일어서는
갈대 숲속에
비밀은 얼마나 서렸을까

연인들이 거닐던 산책로 옆
썰물 빠진 뻘 바닥에
햇볕이 번쩍이고
구멍 파는 털게들이 분주하다.

여유

단비에 목욕한 공기가
식어서 찬가 보다
마음껏 마시고
심장까지 씻어볼까

팍팍한 일상에
헝클어진 마음일랑
내려놓고
오늘은 쉬어볼까

쉰다는 것은
일의 준비 운동이지
오늘의 여유가
값진 내일을 부른다.

아침 편지

사랑하는 사람은
행복한 사람입니다

웃는 사람은
건강한 사람입니다

나를 이기는 사람은
위대한 승리자입니다

아침부터 행복하시고
하루 종일 건강하시고
언제나 승리하소서

오늘을 선물 받은
멋진 당신을
응원합니다.

열린 문

새로운 문이 열렸다
청문으로 문 나가고
용문으로 윤 입성했다

아득히 지난 세월
노심초사 민생고
조마조마 질병고
많이도 겪었다

무엇이 바뀌고
어떻게 달라지려나
행여 뒷걸음은 아니겠지
그냥 가보자

마음이 편하면
생활도 편하단다
손잡고 함께 가자
열린 문으로 가자.

천하대본(天下大本)

천하대본*의 날이다
두메산골에 태어나
지게를 업고 살고
낫과 호미가 일상의 필수품이었던
농촌 지킴이

가난이 몸에 배어
굶주렸던 소년 시절이
엊그제 같은데
인생 고개 어느덧
팔십 능선을 넘었다

고령 세대를 걸어오면서
하루 세 때를
다 먹고살았다 쳐도
밥그릇 십만 개도
비우지 못하고 살았다

이제는 친구 만나 노는 게 직업이고
이야기 나누는 게 취미라면
팔자 좋은 인생극 주인공인 걸

재미있게 웃는 연출로
남은 날들을 보내고 싶다.

* 천하대본 : **農者** 天下之大本

꽃나비

성큼
여름이 온다
태양이 내리 앉는다
수은주가 곤두섰다

어제는 아이들의 날
오늘은 어른의 날
젊은 그대의 날

오월 하늘
장미꽃 향기 풍기는
당신은 꽃나비.

바람

바람이 분다
계절 따라 느낌도 세기도
봄바람 여름 바람 가을바람 겨울바람
다양한 바람이 분다

꽃바람
선비의 부채 바람
옷깃을 뒤집는 서늘바람
콧등을 붉히는 겨울바람

미풍 삭풍 태풍
모두 다 맘대로 불어라
역풍과 악풍을 이기고
순풍만 불어라

촛불로 폭풍을 만들고
태극기로 태풍을 만드는
요란한 바람은
불지 않았으면 좋겠다.

액막이

정월 열나흘
연을 띄운 사연은
한 살 더 먹은 나잇값 해달라고
소원하는 마음이다

바람 따라
멀리로 보내는 뜻은
질병과 액운을 담아 가라고
바라는 심정이다

밥을 아홉 그릇이나 먹고
아홉 가지 일을 해도
지치지 않고 건강하게 해달라고
희망이 담긴 정성이다

정월 보름도 소원이 가득한
우리 민족의 풍속 명절이다.

그랬나 보다

입춘 지나 봄인가 하여
겉옷을 벗었더니
창밖에 바람이 하도 쌀쌀하여
콧등이 싸늘한 것은
겨울 꽁지가 얼어붙어서
그런가 보다

하룻밤 지나고 나면 봄이려나
이불 덮고 눈을 감았더니
오라는 잠이 맴돌아
밤새 뒤척인 것은
임 소식이 궁금해서
그랬나 보다

그게 바로
봄을 그리는 사랑인가 봐.

자존심

봄의 문고리 잡은
입춘 절이 지났으니
추위는 한풀 꺾인다고
깔보지 마라

아직 김칫독 깰
힘이 있는데
늦추위 앙탈 부리면
사흘은 간다

삼한사온 핑계 삼아
한기가 심통 부리면
언 손 호호 불며
빙판길 종종걸음이다

등골이 오싹해도
떡국에 나이를 섞어
배불린 자존심에
질병 아니면 살 것 같다.

오늘의 기도

어제는 말없이 갔습니다
눈 떠보니 오늘인 걸
과거보다는 새롭게 하시고
현실 앞에 당당한
주인공이게 하소서

지나온 자욱이 부끄럽지 않게
그럴싸한 일 하나라도
남길 수 있는 지혜 주시고

더 큰 미래를
만들 수 있도록
어제와 내일을 연결하는
가장 소중한
오늘 되게 하소서.

그냥 웃자

오늘을 기다렸기에
기다린 만큼 좋은 날

어제를 밀어내느라
이마에 땀방울이 맺혔으니

오늘은 밝은 해를 보고
맘껏 노래하리라

네가 나를 밀고 가나
내가 너를 끌고 가나

가는 건 마찬가지
그냥 웃자.

김칫독

한파가 기승을 부려
나 여기 있노라
방자(放恣) 떨다가

계절에 밀려
녹아내릴 동장군아
김칫독일랑 깨지 마라

털모자 눌러쓰고
목도리 감으면
북풍이 대수냐

언 손 호호 불면서
썰매 타다 뒹굴면
박수 치며 웃어주던
고향 친구들이 그립다.

마지막

대한 추위에
이 정도 추위쯤이야
그냥 보통이지
얼마나 더하랴

내년에 또 올망정
그리 길지 않은 겨울
마지막 추위
넉넉히 받아넘기자.

슬퍼도 웃자

해가 뜨면 낮이고
별이 보이면 밤이다
눈 내리면 겨울이고
겨울은 춥다
즐거우면 웃음이 터지고
슬프면 눈물이 난다

밤에도
마음에 태양이 빛나고
겨울에도
가슴은 뜨겁게 끓어
항상 기쁠 수는 없지
슬퍼도 웃으며 살자.

달빛 전설

이슥한 가을밤
주절이 매달린 감나무 아래
이슬에 젖은 풀밭으로
달빛이 쏟아진다

한여름 더위에 익어
늘어진 가지 사이로
풀벌레 울어대는
산 아래 한길 옆에서
부엉이 우는 소리 들린다

바빴던 일손
조용히 잠들고
정적(靜寂)이 스며드는
담벼락 모퉁이
좁다란 골목길에도
옛이야기 전설로 녹아있는
달빛이 흐른다.

충동

찬바람에
낙엽이 뒹구는 언덕 넘어
옷깃이 날리는 들녘을 지나
어디로든 떠나고 싶다

가을을 가로질러
쓸쓸한 마음 달래주는 곳이라면
높은 산도 좋고 조용한 절도 좋다
그냥 가보고 싶다

팍팍한 삶에 지친 마음일까
허전한 마음을 채우려는 욕심일까
새로운 경관에 젖어
자적(自適)*하고 싶은 이기심일까

흔들리는 마음 가누고
이마에 땀방울 맺힐 때까지
깊은 숨 마시며
하염없이 마냥 걷고 싶다.

* 자적(自適) : 유유자적(悠悠自適)

가는 봄 오는 봄

화사하게 단장하고 발길을 모았던
아름다운 꽃의 계절이
아쉬운 발걸음을 한다

흔적마저 희미한
봄 동산의 중턱 너머로
희망 가득한 하늘이 날갯짓하네

화판을 돌리면서 그린 풍경화에
곱게 봄을 칠하는데
붓이 하늘에 꽂혔다

가는 봄 오는 봄*
비단 폭에 하나로 엮어
오색 풍선 매달고 그네를 띄울까

푸른 오월에는
이날 저 날 하나로 엮어
가슴에 넘치는 감성 노래 부르자.

* 가는 봄 오는 봄 : 4월 5월

은산의 노래

차령산맥 끝자락
위례성 아래 웅진성을 감돌아
사비성 싸고도는
백마강 변 기름진 땅

잉어 쏘가리 노니는
은산천 줄기 따라
칠백 년 백제 역사 유유히 흐르고
충혼(忠魂)이 숨 쉬는 곳

닷새마다 장날에
잡화상이 들어서고
술 취한 영감 흥거운 저잣거리 와자지껄
푸짐한 인심이 그립다

마을의 안녕과 단합
평강과 풍요를 비는
별신굿의 숨소리 은은한 사랑의 고장
은산(恩山)*이여 영원하라.

* 은산(恩山) : 충남 부여군 은산면

_ 작품 해설

시간과 공간에서 찾은 경계(境界) 미학
— 장홍수 시인의 2시집을 감상하고

문학평론가 리 헌 석
사단법인 문학사랑협의회 이사장

1.
> 스미는 냉이 향기에
> 버들강아지 미소를 머금어
> 시냇물 따라 들리는 교향악이
> 열두 줄을 울린다
> – 「봄을 부르는 소리」 일부

 장홍수 시인의 이 작품은 여성성(女性性)의 이미지를 살려내고 있습니다. 특정 사물에 남성성과 여성성의 특징을 구분하는 것이 전근대적인 것으로 보이지만, 현대에도 정서적으로 구분되는 것 또한 사실입니다. 봄에 '냉이'를 뜯는다든지, 냉이 향기에서 봄을 느낀다는 것은 여성성에 가깝습니다. '버들강아지'를 꺾어 버들피리를 부는 양태는 남성성과 연계되겠지만, 버들강아지에서 미소를 발견하는 것은 여성성으로 보입니다.

또한 가야금 열두 줄에서 연주되어 나오는 맑고 서정적인 소리, 그리고 거문고 여섯 줄에서 연주되어 나오는 깊고 울림 있는 소리, 이 두 소리의 느낌을 일률적으로 구분할 수는 없지만, 상대적으로 '가야금' 소리를 여성성으로 분류하고 있습니다.
　인용한 부분에서 〈시냇물 따라 들리는 교향악〉이 가야금의 열두 줄과 연계되어, 장흥수 시인은 봄에 아름다운 음악과 함께 여성성을 노래함으로써 맑고 정갈한 정서에 집중하는 것 같습니다. 이와 같은 정서는 긍정과 달관의 중심을 이루기도 합니다.

> 사랑하는 사람은
> 행복한 사람입니다
>
> 웃는 사람은
> 건강한 사람입니다
>
> 나를 이기는 사람은
> 위대한 승리자입니다
>
> 아침부터 행복하시고
> 하루 종일 건강하시고
> 언제나 승리하소서
>
> 오늘을 선물 받은
> 멋진 당신을
> 응원합니다.
> 　　　　－「아침편지」 전문

장홍수 시인은 거의 매일 지인들에게 시를 지어 배달시키는 분으로 유명합니다. 이 시집도 그 과정에서 창작된 작품들을 모아 발간한 것입니다. 어느 날 시인으로부터 이와 같은 시를 선물 받으면 잔잔한 기쁨으로 독자들이 반가워하였을 터입니다.

  〈사랑하는 사람은/ 행복한 사람입니다〉와 〈웃는 사람은/ 건강한 사람입니다〉 두 연은 서두(序頭) 부분이어서 이해하기 쉽게 배치한 것 같습니다. 그러나 셋째 연 〈나를 이기는 사람은/ 위대한 승리자입니다〉는 철학적 명제가 담겨있습니다. 세상에서 '나 자신'을 이기는 사람은 흔치 않을 터이기 때문입니다.

  나 자신의 욕심이 그러하고, 어쩌면 작은 소망도 그러하며, 더 크게 인류를 위해 공헌하리라는 포부도 그러할 터이기 때문입니다. 그러나 자신의 욕심에서 벗어날 수 있는 사람은 위대한 승리자임에 분명합니다. 이런 전제에서 '오늘'이라는 하루를 선물 받은 '멋진 당신'을 응원한다는 시심이 따스합니다.

  시인은 「순간(瞬間)」에서 하루를 '팔만 육천사백 초'로 환산하고, 그 시간을 일주일, 한 달, 1년 등으로 계산하여 매일매일 잘 살아가기를 기원합니다. 이러한 기원을 통하여 '삶의 희망'을 돌아보는 자세가 오롯합니다. 때로 시인은 차 한 잔을 마시면서도 철학적 명제에 이릅니다.

2.
  커피 한 잔 같이 하고 싶은 사람이
  바로 너이기에
  좋은 하루가 되라는 인사가
  유난히 반갑다

- 「비오는 날」 일부

  장홍수 시인은 매일 시로 안부를 전하며 행복을 느끼는 분입니다. 그러면서도 가끔 답장을 보내주시는 분들에게 고마운 인사를 전합니다. 시인에게 도착한 메시지가 〈좋은 하루가 되십시오.〉라는 문구였나 봅니다. 평소에 커피 한 잔 나누고 싶은 분이어서 더 반갑습니다. 이렇게 살아가는 것이 장홍수 시인의 삶이고 일상임을 우리는 확인할 수 있습니다.

  이러한 자세는 어린 시절에 남달리 간난신고(艱難辛苦)를 겪었고, 그토록 어려운 시기를 슬기롭게 극복하였기 때문에 형성된 것 같습니다. 초중고 학교에 다니고, 대학을 졸업한 것이 시인에게는 기적에 가까운 일이었다고, 순전히 '자신의 억지'였다고, 그리하여 그의 일생이 보람 있고 아름다웠다는 회고담을 듣습니다. 그런 면에서 우리는 오늘날의 시인을 한층 더 우러를 수 있는 것입니다.

    아빠는 총소리에 생사 모르고
    굶주리며 일하는 엄마
    베적삼이 땀에 젖는다

    등에 업힌 아기가 울고
    누워 있는 할아버지는 학질에
    배 아파 운다

    스물아홉 채 농가 지붕
    옹기종기 시골 마을에 느닷없는

따발총 소리
깜짝 놀라 둘러보니
이웃집 아저씨가 완장을 차고 있다

너나없이 못 사는 틈새로
시기하며 눈총에 살다가
인민군 앞잡이 되어 살판났다

지축이 흔들리는 날
동족상잔이 시작되던 날
초등학생이던 나는 학교 안 가고
집에서 노는 것만 좋았다.
　　　　　　－「살판났다」 전문

 북쪽을 지배하고 있던 김일성 공산군이 기습적으로 대한민국을 침략해 온 것이 6.25전쟁입니다. 그로 인해 수많은 장병들이 산화(散華)되고, 국민들은 아비규환(阿鼻叫喚)의 구렁텅이에서 고생하거나 죽어갔습니다. 그 상황을 역설적으로 형상화한 작품이 '살판났다'입니다. 긍정적 의미로 '살판'이 난 게 아니라, 어려서 아무것도 몰랐던 자신의 상황을 희화적(戱畵的)으로 극대화한 것입니다. 이러한 서사는 자신의 경험이거나, 이웃의 아픔일 수도 있지만, 이와 같은 서정시에서는 서정적 주체를 시인으로 보는 것이 합당할 터입니다.
 시인의 아버지는 전쟁 중이어서 가정에 부재합니다. 군인이었다면 전쟁 중이었을 터이고, 민간인이라면 피난차였을 터입니다. 그러하매 가족들은 굶주림에 허덕이었을 터이며, 가족을 책

임지고 있는 어머니는 땀에 옷이 젖을 정도로 일에 매달렸을 터입니다. 그 어머니 등에서 아기가 울며 보챕니다. 그때 학질에 걸린 할아버지도 고통에 겨워 소리 내어 웁니다. 한 가정의 스토리를 간략하게 정리하였지만, 1950년대의 대한민국은 이러했습니다.

시인이 사는 마을은 스물아홉 채 농가(農家)로 이루어졌던가 봅니다. 느닷없이 따발총 소리가 들리더니 이웃집 아저씨가 완장을 차고 설칩니다. 완장을 차고 북한 괴뢰 집단에 부역한 사람들의 횡포가 극심하여, 주민들은 끌려가 노역하거나, 총에 맞아 죽거나, 죽창에 찔려 죽어야 했습니다. 완장을 찬 사람은 잘 사는 사람들을 '시기하며' 〈인민군 앞잡이가 되어 살판〉이 나서 설쳤을 터이니, 그 광경이 눈에 선하게 어립니다.

그러나 이 작품의 백미(白眉)는 5연입니다. 총과 대포를 쏘아 〈지축이 흔들리는 날〉 괴뢰 집단의 야욕에 의해 〈동족상잔이 시작되던〉 그때에 시인은 초등학교 학생이었습니다. 그 전쟁으로 학교에 문이 닫혀 집에서 놀 수밖에 없었을 상황입니다. 여기에서 〈나는 학교 안 가고/ 집에서 노는 것만 좋았다.〉라는 형상화가 압권(壓卷)입니다. 철없던 시절을 그려내었지만, 산수(傘壽, 80세)를 넘긴 시인이 이렇게 형상화한 것은 그야말로 역설적 절창(絶唱)이라 할 것입니다.

3.
곱다운 계절
허리춤에 매달고 살렸더니
어느새 붉은 해는

　　　　서산에 와있네
　　　　　　- 「11월의 한」 일부

　장홍수 시인의 이 작품은 1년 중에서 11월에 떠오르는 시상을 전개한 것입니다. <하늘까지 붉어질 듯/ 곱게 물든 가을 뒷자락/ 막달 보고 겨울로 가자>에서 말하는 것처럼, 11월을 지나 막달(12월)을 만나 겨울에 이를 것이라는 뜻입니다. 말하자면 11월은 낙엽을 따라가야 하는 늦가을이라며, 겨울에 가깝기 때문에 '찬바람 부는 언덕'을 넘어야 한다는 말입니다. 이러한 과정을 거쳐 인용한 3연이 자리를 잡고 있습니다.

　우리나라는 대부분의 단풍잎이 11월에 절정을 이룹니다. 이를 <곱다운 계절/ 허리춤에 매달고 살렸더니>라고 표현한 것입니다. 그 곱다운 계절이 가고, 이제 스산한 겨울이 와 있다는 깨달음입니다. 어찌 보면 이러한 생각은 시인 자신의 내면을 비유적으로 그려낸 것도 같습니다. 백세까지 살 것이라는 현대 의학계의 중론도 듣고 있지만, 80세를 넘긴 시인은 자신의 노정(路程)을 1년 중에 11월쯤으로 인식하고 창작한 작품 같습니다.

　　　　일 년을 살려고
　　　　문 열고 들어와
　　　　숨 가쁘게 걷는 동안
　　　　웃기도 하고 울기도 하면서
　　　　열두 대문을 지났습니다

　　　　사랑하다가
　　　　증오의 큰소리도 하였고

웃어야 할 때 조곡(弔哭)하고
애석한 자리에서 콧노래 부르는
엉뚱한 짓도 하였습니다

미움과 다툼의 잔재는
태워서 소멸하여 주시고
사랑과 화합의 주머니는
열두 계단 높은 탑 위에
횃불 되어 빛나게 하소서

들어올 때 가슴에 품었던
희망 보따리에
보람으로 가득 채워
행복한 웃음으로
문을 나서게 하소서

새로운 꿈과 희망이 있고
자유 평화가 손짓하는
새해의 큰 문을 열어주소서
그곳에 뜨는 태양이
개선장군 환호성이
우리의 희망입니다
온 누리에 퍼지게 하소서.
  「문」 전문

사설로 이루어져 긴 글이지만, 장흥수 시인의 시적 지향을 잘 표현한 것 같아 전문을 인용합니다. 1년을 살려고 문을 열고 들어와, 숨 가쁘게 걷는 동안 웃기도 하고 울기도 하면서 열두 대문을 지납니다. 이 부분은 1월부터 12월까지 지나며 온갖 희로애락(喜怒哀樂)을 겪었다는 본보기 글입니다.

한해를 돌아보면 〈사랑하다가/ 증오의 큰 소리〉도 내었을 터이고, 웃어야 할 때 찡그리거나 성을 내며 때로는 조곡(弔哭)을 하는 등 엉뚱한 짓도 하였을 터입니다. 이런 깨달음으로 시인은 회개 기도를 합니다. 미워하고 다투면서도 그 잔재가 조금쯤 남아 있다면 그것을 태워서 소멸해 주시기를 기도합니다. 조금이라도 화합한 의로움이 있다면 햇불처럼 빛나게 해달라는 기원이 절실(切實)합니다.

지난 1월, 가슴에 품었던 소망이 이루어지게 하시고, 행복한 상태로 12월의 문을 나서게 해달라는 소망 역시 오롯합니다. 이렇게 1년이 지나고, 다시 시작하는 '새해의 문'을 열어달라고 기도합니다. 우리의 희망이 온 누리에 퍼지게 해달라고 기도합니다.

장흥수 시인은 '세월'이라는 시간을 공간이라는 '문'으로 비유하여 융합적인 이미지를 창출하는데 특별한 '달란트'가 있는 분입니다. 작품 「열린 문」에서는 '세월'이 아니고 대한민국의 정치적 상황을 비유적으로 확인시킵니다.

이 작품의 1연에 〈새로운 문이 열렸다/ 창문으로 문 나가고/ 용문으로 윤 입성했다〉는 표현은 현실참여라는 프랑스 실존주의학파의 용어인 앙가주망(Engagement)의 본보기 글입니다. 물론 직설적으로 외친 것은 아닙니다. 소극적이지만 현실 상황에 대하여 자신의 내면을 밝히기 위해 '문' '윤'이라는 인물을 도입하고 있습니다. 그러면서 〈마음이 편하면/ 생활도 편하단다/

손잡고 함께 가자/ 열린 문으로 가자.〉는 시인의 주장까지 담아내고 있습니다.

4.

> 지나온 자욱이 부끄럽지 않게
> 그럴싸한 일 하나라도
> 남길 수 있는 지혜 주시고
>   – 「오늘의 기도」 일부

장홍수 시인은 매일 시 형식의 글을 지어서 이웃과 지인들에게 선물을 합니다. '매일'이라고 하지만 적합한 글이 써지지 않을 때도 있었을 터이고, 때로는 병고에 시달릴 때도 있었을 터이매, 보내고자 하는 것은 그의 내면이자 소망일 터입니다. 특히 일상의 시문이 잘 쓰여지지 않을 때 시인은 기도문을 선물하는가 싶습니다.

인용한 「오늘의 기도」에서도 시인은 〈과거보다는 새롭게 하시고/ 현실 앞에 당당한/ 주인공이게 하소서〉라고 기도합니다. 스스로 마음이 넉넉한 사람은 스스로 주인공입니다. 주인공은 자신의 일을 스스로 결정하며, 스스로 실천하고, 스스로 수확하면서 겸손하게 마련입니다. 그런 삶을 시인은 소망하고 있습니다. 그러나 시인은 더 큰 미래를 예비할 수 있도록, 오늘 하루 가장 성실하게 시도(試圖)할 것을 독자들에게 제시합니다.

> 날개를 펴면
> 날 수 있다

〉
울 밖으로 나가야
멀리 날 수 있다

공작은 울안에서
깃털만 올려도 예쁘다

그러나 자유로워야
더 아름답다.
　　　　– 「아름답다」 전문

　자유를 억압받던 시대에는 자유를 갈망하는 것이 생사의 가름길과도 같았던 가 봅니다. 이 작품을 읽으면서 1775년 미국 독립 당시 Patrck Henry의 선언문에 실려 있다는 〈Give me liverty, or give me death〉(나에게 자유를 달라, 아니면 죽음을 달라)라는 말이 연상됩니다. 그러나 이 작품에서의 자유는 패트릭 핸리 시대의 자유와는 결이 약간 다릅니다. 그러함에도 불구하고 자유가 생명만큼 귀하다는 것을 밝힌 시인의 내면은 소중합니다.

　시인을 비롯하여 대부분의 예술가들은 수렴적 사고보다 '확산적 사고'를 중시합니다. 이와 같은 성향이 바로 '울 밖'으로 나서는 일입니다. 아름다운 공작은 '울 안'에서 날개와 깃털을 펼쳐도 아름답습니다. 그러나 자유롭게 살면서 날개와 깃털을 펼치는 공작은 더 아름다울 터입니다. 더 생명력 넘치는 감동일 터입니다.

　자유 추구의 정신은 위대한 작품을 창작하려는 정신과 닿아

있습니다. 날개를 펴고 날아올라야 꿈꾸는 지점에 도달할 수 있을 터이매, 이와 같은 정신을 추구하는 장홍수 시인의 다음 작품을 기다리는 소이연(所以然)입니다.

세월 그림자
장흥수 제2시집

발 행 일	2024년 02월 01일
지 은 이	장흥수
발 행 인	李憲錫
발 행 처	오늘의문학사
출판등록	제55호(1993년 6월 23일)
주　　소	대전광역시 동구 대전로 867번길 52(삼성동 한밭오피스텔 401호)
전화번호	(042)624-2980
팩시밀리	(042)628-2983
카　　페	http://cafe.daum.net/gljang(문학사랑 글짱들)
인터넷신문	www.k-artnews.kr(한국예술뉴스)
전자우편	hs2980@daum.net
계좌번호	농협 405-02-100848(이헌석 오늘의문학사)

공 급 처	한국출판협동조합
주문전화	(02)716-5616
팩시밀리	(02)716-2999

ISBN 979-11-6493-311-2
값 10,000원

ⓒ장흥수 2024

* 이 책의 판권은 저작권자와 오늘의문학사에 있습니다.
* 이 책은 E-Book(전자책)으로 제작되어 ㈜교보문고에서 판매합니다.
* 잘못 만들어진 책은 구입하신 서점에서 교환해 드립니다.